WAS IST LERNEN AN STATIONEN?

Beim Lernen an Stationen handelt es sich um eine Form selbstständigen Arbeitens, bei der

☐ unterschiedliche Lernvoraussetzungen,
☐ unterschiedliche Zugänge und Betrachtungsweisen,
☐ unterschiedliches Lern- und Arbeitstempo
☐ und häufig fächerübergreifendes Arbeiten

berücksichtigt werden.

Grundidee

Den Schülerinnen und Schülern werden Arbeitsstationen zur individuellen Bearbeitung angeboten, an welchen sie selbstständig, in beliebiger Abfolge und meist auch in frei gewählter Sozialform entsprechend ihren Möglichkeiten und Fähigkeiten arbeiten. Damit soll ihnen optimales Lernen und Üben ermöglicht werden.

Herkunft und Entwicklung

Die Idee des Lernens an Stationen, auch Lernzirkel genannt, kommt ursprünglich aus dem Sportbereich. Das „circuit training", von Morgan und Adamson 1952 in England entwickelt, stellt den Sportlern unterschiedliche Übungsstationen zur Verfügung, die sie der Reihe nach oder in freier Auswahl durchlaufen.

Eine Übertragung dieser Lernform auf Unterrichtsinhalte in verschiedenen Fächern wurde zunächst an der Schallenbergschule in Aidlingen/Baden-Württemberg, später am Seminar für schulpraktische Ausbildung in Sindelfingen und an vielen Schulen seit etwa 1980 aufgegriffen und stetig weiterentwickelt.

Der Herausgeber und die Autoren stellen die Ergebnisse ihrer eigenen praktischen Arbeit und Erfahrung in dieser Reihe vor und bieten ihre Materialien als Grundlage für den direkten Einsatz oder als Grundlage für eine Anpassung an eigene Bedürfnisse an.

Zielrichtungen

Das Lernen an Stationen kann unterschiedliche Ziele verfolgen:

☐ Optimales Üben ermöglichen durch ein breites Angebot, das die verschiedenen Lerneingangs- kanäle, allgemeine Übungsgesetze, unterschiedliche Aufgabenarten, Schwierigkeiten und Hilfestellungen berücksichtigt.

☐ Vertiefendes Bearbeiten eines Inhalts beziehungsweise eines Themengebietes, indem Schülerinnen und Schüler nach zuvor gestalteter Übersicht oder Einführung die Inhalte auf ihre Art, mit ihren Möglichkeiten und in ihrem individuellen Tempo auf unterschiedlichen Ebenen selbstständig bearbeiten.

☐ Selbstständiges Erarbeiten von Themengebieten, indem die Schülerinnen und Schüler durch angemessene Arbeitsangebote Sachverhalte hinterfragen, erforschen, erfahren, gestalten usw.

☐ Angebote aus Schulbüchern oder Medien unter ganzheitlicher Betrachtungsweise aufarbeiten, indem die Schülerinnen und Schüler Aufgabenstellungen zu Teilgebieten mit unterschiedlicher Betrachtungsweise und auf unterschiedlichen Ebenen fächerübergreifend bearbeiten.

Organisation

Die einzelnen Arbeitsaufträge geben den Schülerinnen und Schülern klare oder offene Aufgabenstellungen mit eindeutigen Anweisungen. Die Angebote werden im Klassenzimmer zur Verfügung gestellt, indem der Arbeitsauftrag durch Aushängen oder Auslegen bereitgestellt wird. Dazu bietet sich zum Schutz das Verpacken in Prospekthüllen an. Als Ort zum Aushängen eignen sich alle Wand- und zum Teil auch die Fensterflächen. Pinn-Nadeln oder Nägel (Nagelleisten) erleichtern das Aufhängen und Abnehmen. Beim Auslegen der Arbeitsangebote bzw. -aufträge helfen Ablagekörbe, Ordnung zu halten.

Das Bereitstellen außerhalb der Schülerarbeitstische (also auf Fensterbänken, Nebentischen oder durch Aufhängen) erübrigt das tägliche Aufbauen und Wiederabräumen, stellt also eine große zeitliche und organisatorische Erleichterung dar. Falls im „Fachlehrerbetrieb" der ständige Abbau nötig ist, sind ineinander stapelbare Ablagekörbe, in welchen die Aufträge verbleiben, sehr hilfreich.

Die Kennzeichnung der einzelnen Stationen durch Ziffern, Buchstaben oder Symbole hilft den Schülerinnen und Schülern bei der Orientierung. Durch bewusste Verwendung dieser Ordnungsangebote kann die Struktur des Themengebietes oder eine andere Struktur (z. B. Arbeitsform o. Ä.) gleichzeitig verdeutlicht werden.

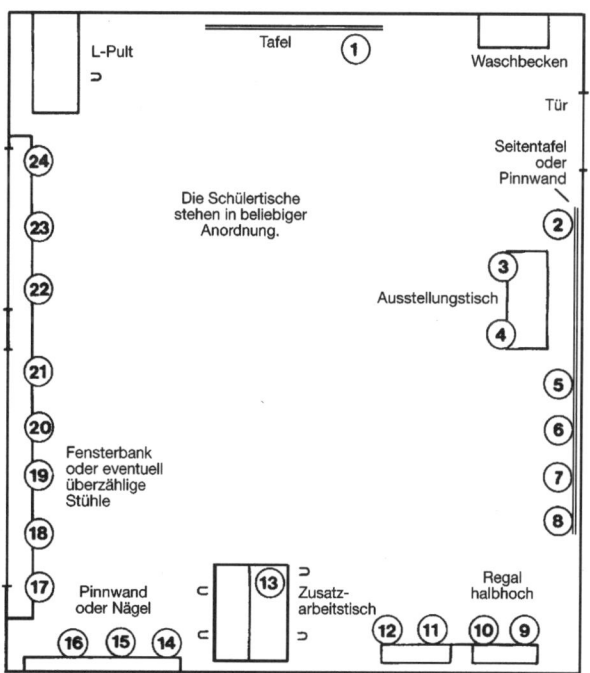

Eine Fortschrittsliste bzw. ein Laufzettel gibt Schülerinnen und Schüler wie den Lehrkräften jederzeit eine Rückmeldung über den derzeitigen Bearbeitungsstand und dient der Übersicht.

Auswahlangebote

Den Schülerinnen und Schülern ist sinnvollerweise ein Auswahlangebot zu ermöglichen; Minimalanforderungen können von der Lehrerin oder dem Lehrer definiert werden. Als Orientierungshilfe finden Sie dazu in den Hinweisen zu diesem Themenheft weitere Angaben.

Sonstige Tipps

Organisatorische Bedingungen und Festlegungen sind möglichst an der konkreten Situation und erst beim tatsächlichen Bedarf zu klären und zu regeln. Ist die Klassenstärke größer als die Anzahl der zur Verfügung stehenden Arbeitsstationen, können Sie die einzelnen Arbeitsaufträge mehrfach anfertigen. Weitere Hinweise zur Organisation, zu den Inhalten und zum Lernen an Stationen allgemein finden Sie im Einführungsband zu dieser Reihe, der unter dem Titel *Schülergerechtes Arbeiten in der Sekundarstufe I: Lernen an Stationen* im selben Verlag erschienen ist.

Roland Bauer
(Herausgeber)

SO NUTZEN SIE DIESES THEMENHEFT

„Mehr als 22 % der 15-Jährigen in Deutschland können auch die einfachsten Texte nicht lesen und verstehen ..." ergab die PISA-Studie. So landeten die deutschen Schülerinnen und Schüler beim Lesen und Textverständnis – die Schlüsselkompetenz für das Lernen in Schule und Beruf – nur auf Platz 20 in der Leistungstabelle von 31 Industriestaaten. PISA definiert Lesekompetenz wie folgt: „Lesekompetenz ist die Fähigkeit, geschriebene Texte zu verstehen, sie zu nutzen und über sie zu reflektieren, um eigene Ziele zu erreichen, das eigene Wissen und Potenzial zu entwickeln und am gesellschaftlichen Leben teilzunehmen." Unserer Meinung nach ist die Basis für Lesekompetenz die Beherrschung von Lesefertigkeit und Lesefähigkeit. Während man unter Lesefertigkeit das lautreine, sinngerechte und flüssige Lesen versteht, umfasst die Lesefähigkeit das sinnerfassende Lesen, d. h. das Textverständnis. Aufgrund dessen müssen beim Lesen unterschiedliche Teilleistungen trainiert werden, wie beispielsweise die Buchstaben-Laut-Zuordnung (Station 9 A: Vokale beim Lesen einsetzen), die Buchstaben-Wort-Synthese (Station 11: Einen Text fehlerfrei lesen), das Wiedererkennen und Abrufen von Wortschemata (Station 22: Einen Text mit verdeckten Wortteilen lesen), die Wort-Satz-Synthese (Station 7: Wörter auf- und abbauend lesen), die Erweiterung des Blickfeldes (Station 8: Sätze auf- und abbauend lesen), das Erschließen von Wortbedeutungen aus dem Kontext (Station 21: Ein Fantasiewort ersetzen) und natürlich das sinngestaltende und sinnerfassende Lesen (Station 17: Eine Nachrichtensendung vorbereiten).

Es ist wichtig, zunächst die basale Lesefertigkeit in Klasse 5 zu sichern. Lesestrategien und -techniken sollen mit entsprechenden Übungen auf eine Weise vermittelt werden, dass sie von den Schülerinnen und Schülern zunehmend selbstständig auf neue Texte angewendet werden können. Dazu gehören folgende Kompetenzen und Inhalte:

Lesetechniken und Lesestrategien anwenden

Die Schülerinnen und Schüler können unter anderem bekannte Texte flüssig vorlesen (Station 20 B: Mit Gefühl vortragen 2), einfache Texte überfliegen und gezielt Informationen entnehmen (Station 24: Antworten markieren), Wortbedeutungen aus dem Zusammenhang erschließen (Station 14 A: Einen Zeitungsartikel mit abgetrennten Wörtern lesen) und nach Mustern Fragen an Texte stellen (Station 25: Ein Fernsehprogramm überfliegend lesen).

Texte strukturieren

Die Schülerinnen und Schüler können Textstellen nach Anweisung markieren (Station 23: Wörter markieren) und Stichwörterlisten zu markierten Textstellen anlegen (Station 19: Texte vergleichend lesen).

Texte verstehen

Die Schülerinnen und Schüler können Arbeitsanweisungen erkennen und umsetzen (Station 26: Textabschnitte Bildern zuordnen), Bezüge zwischen Texten und Grafiken herstellen (Station 27: Eine Schatzkarte ergänzen) wichtige Aussagen von Texten erkennen, Wortbedeutungen erfragen oder nachschlagen, Fragen zum Text beantworten (Station 31 A: Lernzielkontrolle).

Wichtig erscheint uns, die grundgelegte Leseförderung aus Klasse 5 in weiteren Klassenstufen kontinuierlich fortzuführen. Selbstverständlich ist die Leseförderung dem individuellen Leistungsniveau der einzelnen Schülerinnen und Schüler anzupassen und Inhalte sind spiralcurricular zu üben und zu wiederholen.

Wie kann Lesen geübt werden?

In unserem Praxisteil stellen wir eine mögliche Auswahl an Stationen zur Leseübung vor.
Wir haben uns für das Lesenüben an Stationen entschieden, da unserer Meinung nach diese Form des offenen Lernens

aus folgenden Gründen hierfür besonders geeignet ist:
Die Stationen können von den Schülerinnen und Schülern individuell, selbstständig und in beliebiger Reihenfolge bearbeitet werden. So können Schülerinnen und Schüler entsprechend ihren Möglichkeiten und Fähigkeiten differenziert gefördert werden. Für die Lehrerin bzw. den Lehrer bietet diese Arbeitsform den Vorteil, dass Zeit für die individuelle Beobachtung, Betreuung und Förderung einzelner Schülerinnen und Schüler gegeben ist.

Partnerarbeit

Uns erscheint wichtig, dass die vorliegenden Stationen teilweise mit einer Partnerin oder einem Partner bearbeitet werden können. Die entsprechenden Stationen und Aufgaben sind mit 👥 gekennzeichnet. Auf diese Weise kann eine Rückmeldung des Zuhörers an den Lesenden bezüglich seiner Lesefähigkeit und -fertigkeit gegeben und der Lesende mit Hinweisen und Tipps unterstützt werden. Idealerweise tauschen Schülerinnen und Schüler Hilfen aus, unterstützen sich gegenseitig und verbessern einander. Auf die Notwendigkeit der Rückmeldung ist vor Beginn der Stationenarbeit ausdrücklich hinzuweisen. Nur so wird ein Fortschritt in der Leseentwicklung möglich.

Laufzettel

Der Laufzettel dient als Orientierung für die Arbeit an den Stationen. Er gewährt den Schülerinnen und Schülern einen Überblick über bereits bearbeitete Stationen.

Welche Möglichkeiten der Leistungsmessung gibt es?

Die traditionelle Beurteilung des Vorlesens umfasst bisher nur die Korrektheit und Schnelligkeit des Gelesenen. Allerdings berücksichtigt die traditionelle Beurteilung nicht, dass es unterschiedliche Fehlertypen und damit verbunden unterschiedliche „Korrektheitsniveaus" gibt. Auch die Schnelligkeit ist kein adäquates Beurteilungskriterium, da es keinen Aufschluss über die Beherrschung der Teilleistungen gibt. Unseres Erachtens muss Lesen als ganzheitlicher Prozess betrachtet werden. Besonders wichtig erscheint uns hierbei die hörerorientierte Gestaltung des Lesens.

Bei der Leistungsmessung ist es wichtig, die Leseleistung kontinuierlich zu beobachten und eine damit verbundene Rückmeldung an den Lesenden zu geben. Zur Benotung von Leseleistung können nur langfristige, vielfältige und kontinuierliche Beobachtungen von Lesen führen. Im Vordergrund muss die Wahrnehmung von Leistung und die damit verbundene individuelle Förderung beim Schüler stehen. Benotet werden sollte der sich daraus ergebende individuelle Lesefortschritt des einzelnen Kindes.

Beobachtungsbögen

Eine Möglichkeit, Beobachtungen schriftlich festzuhalten, sind Beobachtungsbögen. Die Beobachtung kann sowohl als Eigen- wie als Fremdbeobachtung durchgeführt werden. Beispiele dafür finden Sie auf den Seiten 47 und 48.

Die Autorinnen

ÜBERSICHT UND HINWEISE ZU DEN STATIONEN

Es bietet sich an, die Stationsblätter zu kopieren und zu folieren. Sie können dann mit Folienstiften bearbeitet und wieder abgewischt werden. Dadurch lassen sich die Stationsblätter mehrfach verwenden.
Die Lösungsblätter können auf farbiges Papier kopiert werden, damit sie sich bereits durch ihre Farbe von den Stationsblättern unterscheiden.

BESSER LESEN

LAUFZETTEL VON _____

Bearbeitete Stationen kennzeichne ich immer mit einem ✔!

☐ **1** Buchstaben suchen

☐ **2** Zahlen verbinden

☐ **3** Finger verfolgen

☐ **4** Einen Weg verfolgen

☐ **5** Gleiche Paare finden

☐ **6** Buchstaben finden

☐ **7** Wörter auf- und abbauend lesen

☐ **8** Sätze auf- und abbauend lesen

☐ **9 A** Vokale beim Lesen einsetzen

☐ **9 B** Vokale beim Lesen tauschen

☐ **10** Scherzfragen in Spiegelschrift beantworten

☐ **11** Einen Text fehlerfrei lesen

☐ **12** Zungenbrecher lesen

☐ **13** Einen Witz lesen und weitererzählen

☐ **14 A** Einen Zeitungsartikel mit abgetrennten Wörtern lesen

☐ **14 B** Einen Zeitungsartikel mit getrennten Wörtern lesen

☐ **15** Wortgrenzen erkennen

☐ **16** Sinneinheiten zusammenfassend lesen

☐ **17** Eine Nachrichtensendung vorbereiten

☐ **18** Einen Text in einer anderen Schrift lesen

☐ **19** Texte vergleichend lesen

☐ **20 A** Mit Gefühl vortragen 1

☐ **20 B** Mit Gefühl vortragen 2

☐ **21** Ein Fantasiewort ersetzen

☐ **22** Einen Text mit verdeckten Wortteilen lesen

☐ **23** Wörter markieren

☐ **24** Antworten markieren

☐ **25** Ein Fernsehprogramm überfliegend lesen

☐ **26** Textabschnitte Bildern zuordnen

☐ **27** Eine Schatzkarte ergänzen

☐ **28** Eine Geheimschrift lesen

☐ **29** Mit der Lupe lesen

☐ **30** Ein Horoskop lesen

☐ **31 A** Lernzielkontrolle

☐ **31 B** Beobachtungsbogen 1

☐ **31 C** Beobachtungsbogen 2

BUCHSTABEN SUCHEN

▨ Wie viele B, D und E sind hier versteckt?

▨ Zähle nur mit den Augen und schreibe dann dein Ergebnis unten auf.

B   D   E   E

E D   E   B   B

B   D   E   D   D   E

B   B   B   E E   E   D

D D D   E   D   B B   D E   D E E

D   D   B E   B   E D   E D   E D

B E   D   E   B   B

B   D   E   D   D   E

B   E E   E   D

D D D   E   D   B B   D E   D   E E

B = _____   D = _____   E = _____

ZAHLEN VERBINDEN

▓ Verbinde die Zahlen nur mit den Augen.

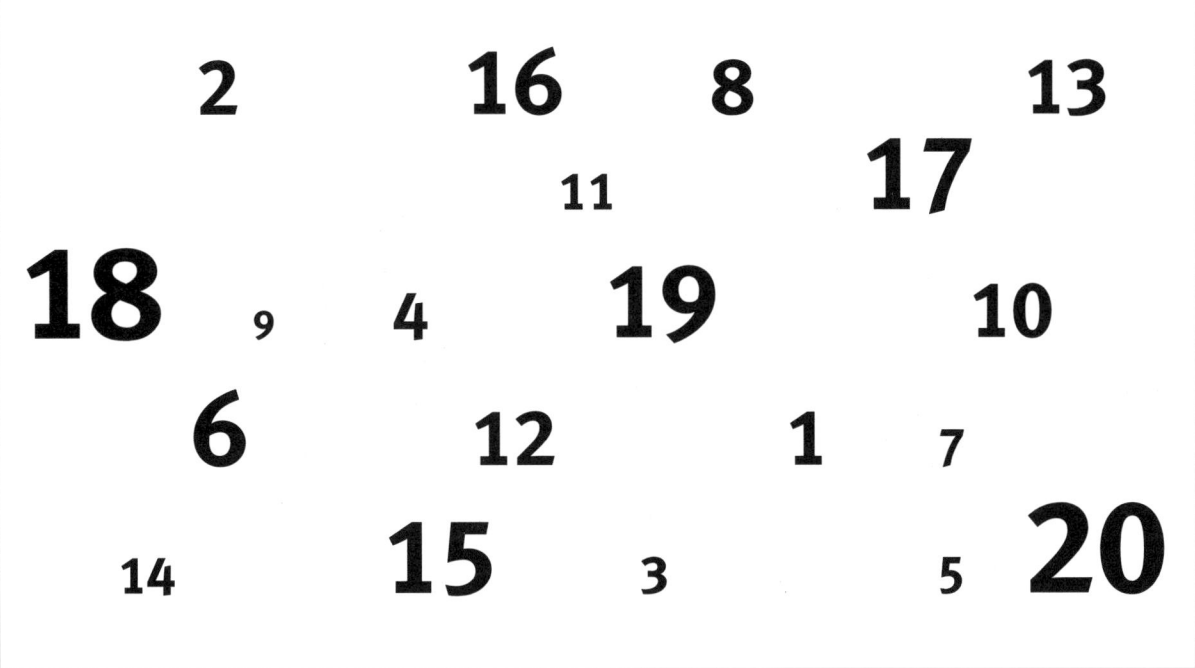

▓ Jetzt darfst du einen Stift benutzen.

▓ Verbinde die Zahlen so, dass sich die Linien nicht berühren.

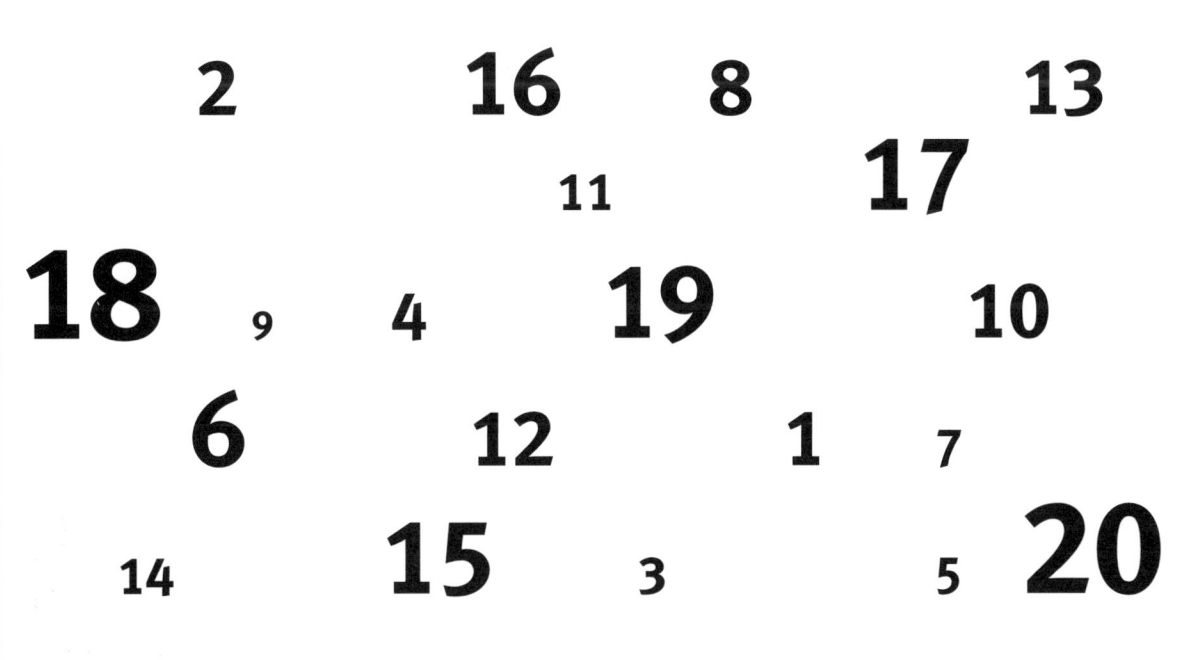

FINGER VERFOLGEN

■ Stelle dir vor, du dirigierst ein Orchester. Achte auf langsame und fließende Bewegungen.

■ Deine Partnerin oder dein Partner soll deine Fingerspitzen mit den Augen verfolgen.

■ Tauscht dann eure Rollen.

EINEN WEG VERFOLGEN

▦ Wohin fährt das Auto?

▦ Verfolge den Weg des Autos nur mit deinen Augen und ohne den Kopf zu bewegen.

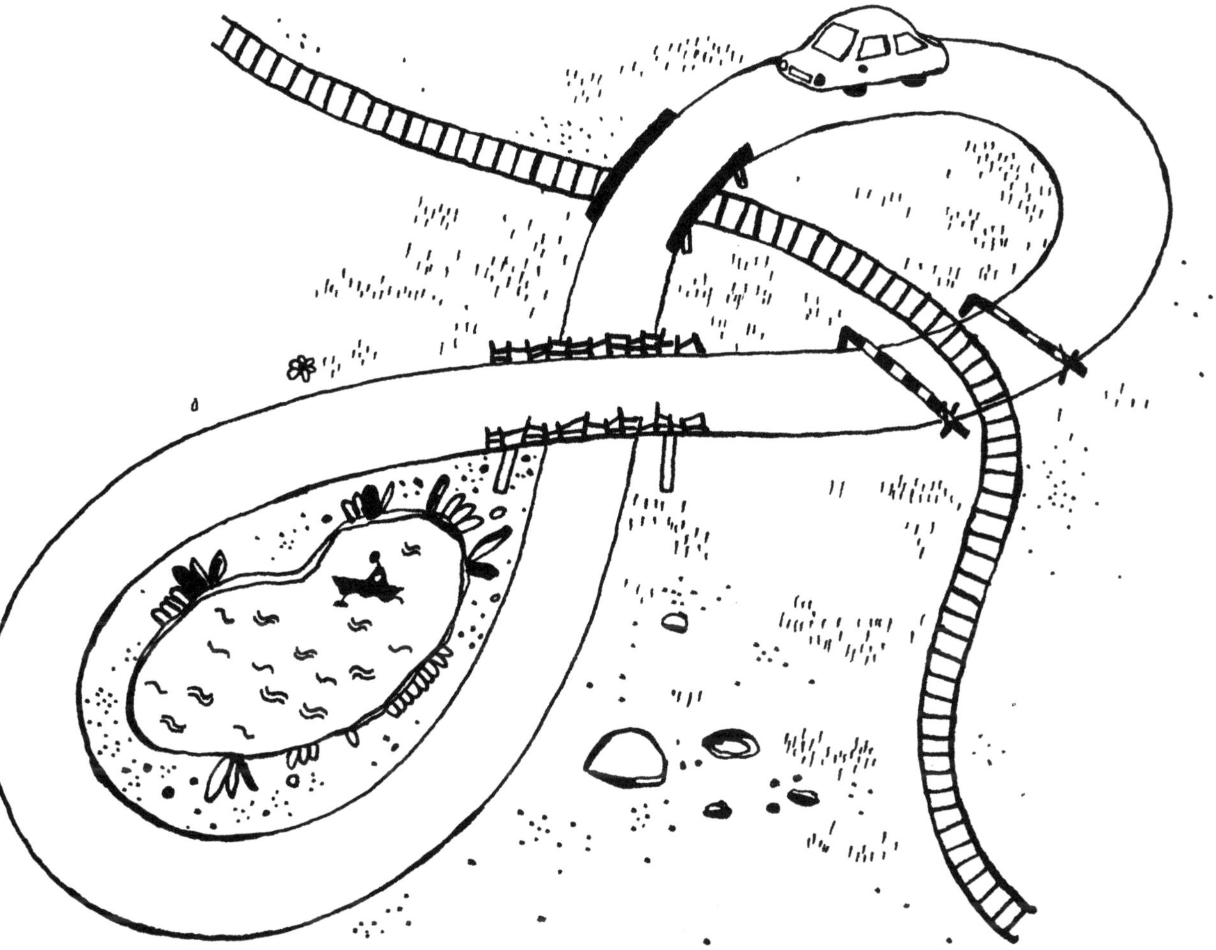

BESSER LESEN

GLEICHE PAARE FINDEN

▪ Nur eine der Buchstabengruppen der rechten Seite ist genau gleich wie die Buchstabengruppe auf der linken Seite.

▪ Kreise die passende Gruppe ein.

abba	abaa	baab	abba	babb
cdcdd	cddcc	cdccd	dccdc	cdcdd
effefe	feffee	effefe	effeff	effeef
hgghghh	ghghghh	hgghghh	ghgghgh	hghhghh

BUCHSTABEN FINDEN

■ Wie viele **w** haben sich in den Reihen versteckt?

■ Zähle die **w** nur mit den Augen.

■ Du hast dafür 30 Sekunden Zeit. Deine Partnerin oder dein Partner stoppt die Zeit.

| w | m | m | m | m | w | m | m | m | m | w | w | w | m | m | m | w | m | w | **w** = __ |

| m | m | w | w | m | w | m | w | m | w | m | m | w | m | m | m | w | w | w | w | **w** = __ |

| w | m | w | w | m | m | m | m | m | w | m | m | m | m | w | m | w | m | w | **w** = __ |

| w | w | w | m | w | m | w | m | m | m | m | w | w | m | m | w | w | m | m | **w** = __ |

| m | m | m | m | m | w | m | w | m | w | m | m | w | m | w | w | w | m | w | **w** = __ |

■ Wie viele **u** haben sich in den Reihen versteckt?

■ Zähle auch diese nur mit den Augen.

■ Du hast dafür 30 Sekunden Zeit. Deine Partnerin oder dein Partner stoppt die Zeit.

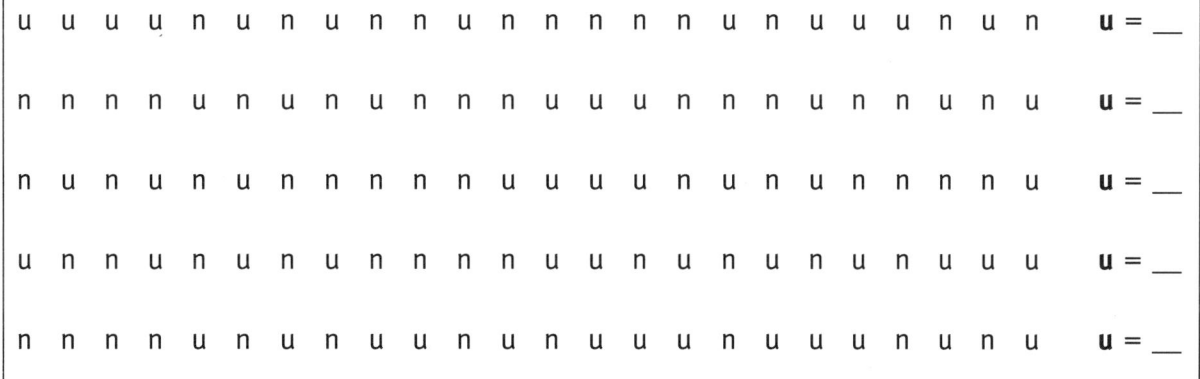

| u | u | u | u | n | u | n | u | n | n | u | n | n | n | n | n | u | n | u | u | u | n | u | n | **u** = __ |

| n | n | n | u | n | u | n | u | n | n | n | u | u | u | n | n | n | u | n | n | u | n | u | **u** = __ |

| n | u | n | u | n | u | n | n | n | n | n | u | u | u | u | n | u | n | u | n | u | n | n | n | n | u | **u** = __ |

| u | n | n | u | n | u | n | u | n | n | n | u | u | n | u | n | u | n | u | n | u | u | u | **u** = __ |

| n | n | n | n | u | n | u | n | u | u | n | u | n | u | n | u | u | u | n | u | u | u | n | u | n | u | **u** = __ |

LÖSUNGSBLATT – BUCHSTABEN FINDEN

■ Wie viele **w** haben sich in den Reihen versteckt?

■ Zähle die **w** nur mit den Augen.

■ Du hast dafür 30 Sekunden Zeit. Deine Partnerin oder dein Partner stoppt die Zeit.

w	m	m	m	m	w	m	m	m	m	w	w	w	m	m	m	w	m	w	**w = 7**
m	m	w	w	m	w	m	w	m	w	m	m	w	m	m	m	w	w	w	**w = 9**
w	m	w	w	m	m	m	m	m	w	m	m	m	m	w	m	w	m	w	**w = 7**
w	w	w	m	w	m	w	m	m	m	m	w	w	m	m	w	w	m	m	**w = 9**
m	m	m	m	m	w	m	w	m	w	m	m	w	m	w	w	w	m	w	**w = 8**

■ Wie viele **u** haben sich in den Reihen versteckt?

■ Zähle auch diese nur mit den Augen.

■ Du hast dafür 30 Sekunden Zeit. Deine Partnerin oder dein Partner stoppt die Zeit.

u	u	u	u	n	u	n	u	n	n	u	n	n	n	n	u	n	u	u	u	n	u	n	**u = 12**
n	n	n	u	n	u	n	u	n	u	n	n	n	u	u	u	n	n	n	u	n	n	u	n	u	**u = 8**
n	u	n	u	n	u	n	u	n	u	n	n	u	u	u	u	n	u	n	u	n	u	n	n	n	u	**u = 10**
u	n	n	u	n	u	n	u	n	u	n	n	u	u	n	u	n	u	n	u	n	u	n	u	u	u	**u = 12**
n	n	n	n	u	n	u	n	u	u	u	n	u	n	u	u	u	n	u	u	u	n	u	n	u	**u = 13**

WÖRTER AUF- UND ABBAUEND LESEN

■ Lies immer nur eine Zeile laut vor.

■ Decke die anderen Zeilen mit einem Blatt ab.

Sonne
Sonnenblumen
Sonnenblumenfeld
Sonnenblumenfelddünger

Computer
Computerbild
Computerbildschirm
Computerbildschirmschoner

Wörter
Wörterbuch
Wörterbuchseiten
Wörterbuchseitenanzahl

Holz
Holztisch
Holztischbein
Holztischbeinkante
Holztischbeinkantenschleifer

Haus
Hausmeister
Hausmeisterwohnung
Hausmeisterwohnungsschlüssel
Hausmeisterwohnungsschlüsselbund

SÄTZE AUF- UND ABBAUEND LESEN

■ Lies immer nur eine Zeile laut vor.

■ Decke die anderen Zeilen mit einem Blatt ab.

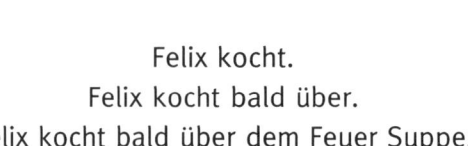

Jan weiß alles.
Jan weiß alles nicht immer.
Jan weiß alles nicht immer ganz genau.

Felix kocht.
Felix kocht bald über.
Felix kocht bald über dem Feuer Suppe.

Niklas schlägt.
Niklas schlägt die Sahne.
Niklas schlägt die Sahne steif.

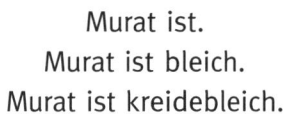

Murat ist.
Murat ist bleich.
Murat ist kreidebleich.

Paul zerhackt.
Paul zerhackt Peter.
Paul zerhackt Petersilie.

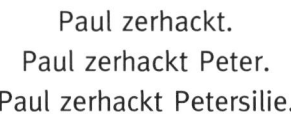

VOKALE BEIM LESEN EINSETZEN

■ Lies deiner Partnerin oder deinem Partner den Text laut vor.

■ Setze beim Vorlesen die richtigen Vokale ein.

Nn hör mr nml gnz gn z!

ch möcht dr tws Wchtgs sgn:

D bst en hrvrrgndr Zhörr,

ch wnn ch mnchml tws stcknd ls.

Nn drfst d ch nml lsn.

LÖSUNGSBLATT
VOKALE BEIM LESEN EINSETZEN

◼ Lies deiner Partnerin oder deinem Partner den Text laut vor.

◼ Setze beim Vorlesen die richtigen Vokale ein.

Nun höre mir einmal ganz genau zu!

Ich möchte dir etwas Wichtiges sagen:

Du bist ein hervorragender Zuhörer, auch wenn ich

manchmal etwas stockend lese.

Nun darfst du auch einmal lesen.

BESSER LESEN

VOKALE BEIM LESEN TAUSCHEN

 Lies deiner Partnerin oder deinem Partner den Text laut vor.

 Wie heißen die Wörter richtig?

> **!** Tipp: Bei manchen Wörtern musst du die Vokale tauschen.
> Beispiel: Mettur → Mutter

Deise Stitano ist iene wehra Hareosfurdureng für miene Aegun.

Miene Aegun sprengin von Vakol zu Vakol und arfessen dann erst

das genza Wort.

Tretzdom macht es greßo Fruede, so dass ich emmir wieter

mechan will.

Zusatzaufgabe:

 Entwirf selbst am Computer eine Station nach der Vorlage von Station 9 A oder 9 B.

SCHERZFRAGEN IN SPIEGELSCHRIFT BEANTWORTEN

■ Kannst du die Scherzfragen ohne Hilfsmittel lesen?

■ Finde die Antworten auf die Scherzfragen.

> Sieben Heuhaufen und elf Heuhaufen werden zusammengetragen.
> „Wie viele Heuhaufen ergibt das?"
>
> Einen großen Heuhaufen

> Ein Bauer hat 17 Gänse. Alle außer neun holt der Fuchs.
> Wie viele bleiben übrig?
>
> Neun Gänse bleiben übrig.

> Wer beherrscht alle Sprachen der Welt?
>
> Das Echo

> Was ist beim Elefanten klein und bei der Laus groß?
>
> Das L

LÖSUNGSBLATT – SCHERZFRAGEN
IN SPIEGELSCHRIFT BEANTWORTEN

▪ Kannst du die Scherzfragen ohne Hilfsmittel lesen?

▪ Finde die Antworten auf die Scherzfragen.

Sieben Heuhaufen und elf Heuhaufen werden zusammengetragen.
„Wie viele Heuhaufen ergibt das?"

Einen großen Heuhaufen

Ein Bauer hat 17 Gänse. Alle außer neun holt der Fuchs.
Wie viele bleiben übrig?

Neun Gänse bleiben übrig.

Wer beherrscht alle Sprachen der Welt?

Das Echo

Was ist beim Elefanten klein und bei der Laus groß?

Das L

EINEN TEXT FEHLERFREI LESEN

■ Lies deiner Partnerin oder deinem Partner folgenden Text fehlerfrei vor.

Auf der Bergspitze

Die Bergsteigertruppe versucht mit zitternden Knien die letzten Höhen-

meter der verschneiten Spitze zu erklimmen. Da kraxelt ein Ziegenbock

hinter einem spitzen Stein hervor. Eiskristalle glitzern und blitzen im

gleißenden Sonnenlicht.

Tatsächlich – nun hatte die Seilschaft das Ziel erreicht. Die Bergsteiger

platzen vor Stolz:

Der Augenblick am Gipfelkreuz wird unvergesslich bleiben!

BESSER LESEN

ZUNGENBRECHER LESEN

■ Lies die Zungenbrecher fehlerfrei deiner Partnerin oder deinem Partner vor.

Blaukraut bleibt Blaukraut und Brautkleid bleibt Brautkleid.

In Ulm und um Ulm und um Ulm herum.

Fischers Fritz fischt frische Fische.

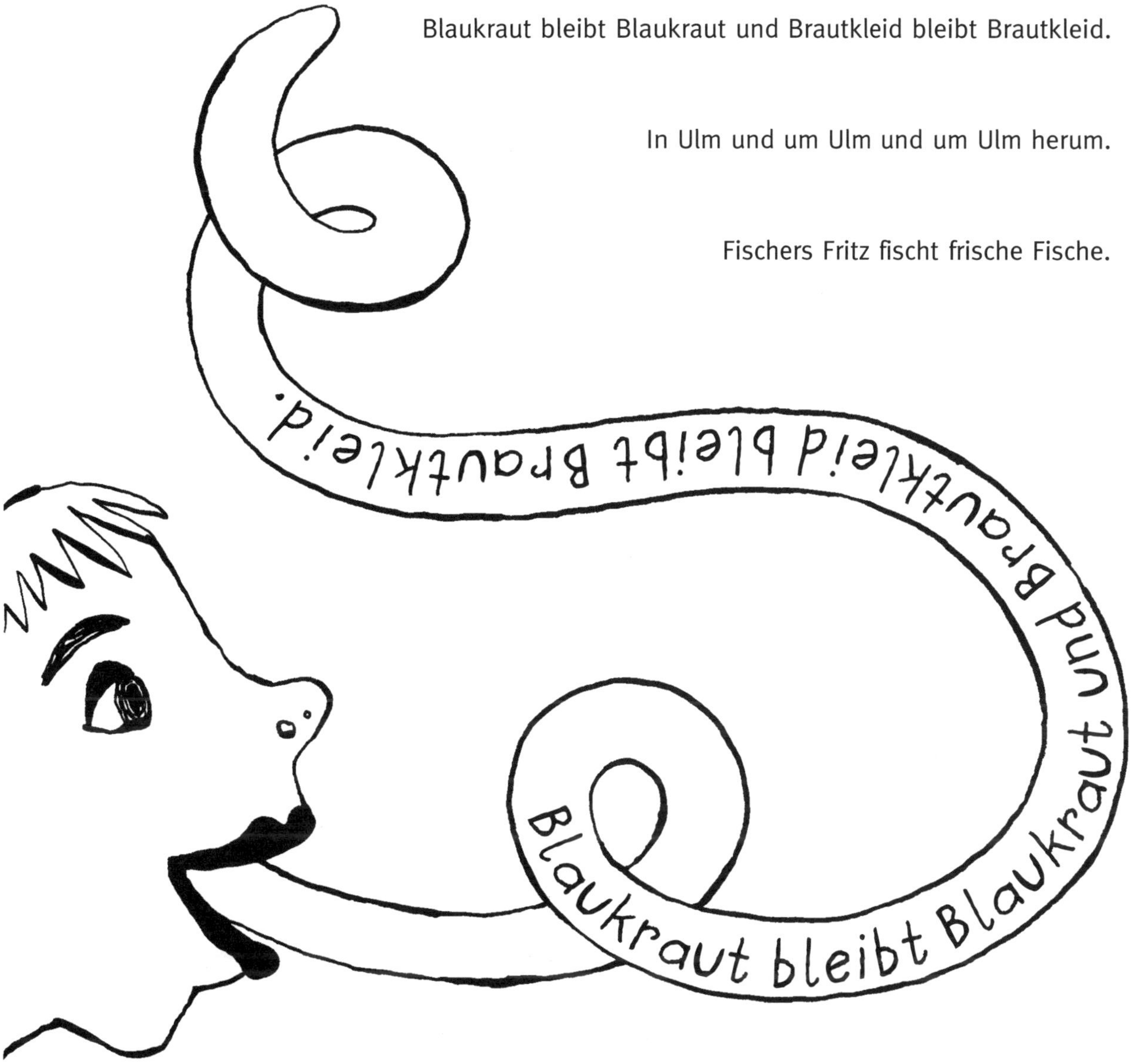

Blaukraut bleibt Blaukraut und Brautkleid bleibt Brautkleid.

■ Kannst du die Zungenbrecher noch schneller lesen?

EINEN WITZ LESEN UND WEITERERZÄHLEN

▦ Suche dir einen Witz aus und versuche ihn in der richtigen Reihenfolge zu lesen.

Witz 1

> „Ich stelle mir nur das Gedränge vor, wenn Halbmond ist."

> „Es ist nicht ausgeschlossen, dass der Mond bewohnt ist, … aber warum lachst du denn, Fritzchen?"

> Der Lehrer sagt im Erdkundeunterricht:

Witz 2

> Tim überlegt kurz und meint dann:

> „Tim, was hatten wir denn gestern auf?", fragt die Lehrerin.

> „Sie gar nichts und ich eine Baseball-kappe!"

▦ Erzähle den Witz nun in eigenen Worten deiner Partnerin oder deinem Partner.

BESSER LESEN

EINEN ZEITUNGSARTIKEL MIT ABGETRENNTEN WÖRTERN LESEN

■ Der Zeitungsartikel wurde an der rechten Seite abgetrennt.

■ Ergänze beim Lesen die fehlenden Wortenden.

Diebe möbeln altes Auto auf

BRÜSSEL ■ Manchmal kann sich ein Verbrechen für das Op

doch lohnen: Denn der Diebstahl seines alten Autos hat fü

den Belgier Daniel Resimont durchaus angenehme Seiten geh

Der Mann aus Lüttich bekam seinen Toyota mit 300 000 Kilo

auf dem Tacho in deutlich verbessertem Zustand zu

Die Diebe hatten sich nicht lumpen lassen und nagel

Reifen aufgezogen, eine Delle in der Tür ausgebeult, den Wag

gewaschen und freundlicherweise auch noch voll getankt. D

Wagen wurde von der Polizei sichergestellt.

BESSER LESEN

STATION **14 B**

EINEN ZEITUNGSARTIKEL MIT GETRENNTEN WÖRTERN LESEN

■ Beim Drucken des Zeitungsartikels haben sich Trennfehler eingeschlichen.

■ Lies den Text trotzdem flüssig vor.

Betrunkener beißt Polizistin

BR UCHS AL ■ Ei n betru nk ener Aut ofa hrer h at am spät en Mo

ntagab end bei Br uchsal di e Po lizei auf Tra b geh alten. Wie d ie Be

amten gest ern mitte ilten, ha tte der Fah rer zunä chst m it dem Au to

einen Pfo sten umg efahren. Da se in Wa gen nich t mehr fu hr, flücht ete

er zu Fuß, ko nnte aber fe stge nommen werd en. Auf der Wa che b iss

er ein e Bea mtin in die Han d und ve rletz te ih ren Kolle gen. Er st

im Gef ängn is beru hig te sich der Ma nn. Er wir d nu n f ür ei ne

We ile auf se inen Fü hre rschein ve rzic hten mü s sen.

WORTGRENZEN ERKENNEN

■ Versuche den Text flüssig vorzulesen.

■ Vielleicht hilft es dir, wenn du die Wortgrenzen markierst.

„PETER, ICHHABEDIRDOCHGESTERNEINEGANZKLAREAUFGABEGESTELLT", SAGTDIELEHRE-

RIN. „SIELAUTETE: WENNEINMANNINEINERSTUNDE5KILOMETERGEHT, WIELANGEBRAUCHT

ERDANNFÜR82KILOMETER? NUN, UNDWOISTDEINELÖSUNG?" – „TUTMIRLEID, FRAULEH-

RERIN, ABERMEINVATERISTNOCHUNTERWEGS ...".

SINNEINHEITEN ZUSAMMENFASSEND LESEN

▨ Sinneinheiten sind Wörter, die zusammengehören.

▨ Findest du die Sinneinheiten in diesem Text? Kennzeichne die Sinneinheiten.

▨ Lies den Text dann laut vor.

Der Mann mit dem Hut auf dem Kopf führte seinen kleinen zotteligen Hund Tobi um Mitternacht bei Mondschein an der Leine im Wald spazieren. Als plötzlich eine eisige, heftige Windböe den Hut vom Kopf des Mannes fegte, riss sich der kleine zottelige Hund los. Ganz mutig verschwand Tobi hinter den dunklen, knorrigen Bäumen. Doch wie erschrak er, als er auf einmal auf einer vom Mond hell beschienenen Waldlichtung eine furchterregende, angsteinflössende Gestalt entdeckte.

Schnell bemerkte er, dass sich die unheimliche Gestalt genauso fürchtete wie er selbst.

Und im selben Moment ging Tobi ein Licht auf: Es war nur sein eigener Schatten!

EINE NACHRICHTENSENDUNG VORBEREITEN

■ Auch Nachrichtensprecher müssen ihren Auftritt vorbereiten.
Dazu verwenden sie diese Zeichen:

• = Betonung   ‿ = Sinneinheit   V = Pause

■ Bereite nun mit Hilfe dieser Zeichen die folgenden Texte für eine Nachrichtensendung vor:

Aufregung um Fußball-Schiedsrichter

Ein Schiedsrichter soll bei einem Fußballspiel absichtlich falsch gepfiffen haben. Er

wollte damit erreichen, dass die Mannschaft, auf die er bei einer Wette gesetzt hatte,

auch gewinnt.

Affen verstanden nur Französisch

In einem Zoo in England mussten die Affenpfleger Französisch pauken. Die neuen,

in Frankreich gekauften Paviane verstanden ihre englischen Kommandos nicht.

Weißes Pulver am Himmel

Als es am Wochenende in Süddeutschland geschneit hat, haben zwei Urlauber aus

Brasilien vor lauter Schreck die Polizei gerufen. Sie hatten nämlich noch nie davor

Schnee gesehen.

 Tipp: Lustige Nachrichten findest du im Internet unter: www.wdr5.de/lilipuz/klicker

■ Nimm deine eigene Nachrichtensendung auf.

EINEN TEXT IN EINER ANDEREN SCHRIFT LESEN

■ Kannst du die Schrift unten lesen?

■ Versuche den Text flüssig vorzulesen.

WER ERFAND DEN BUCHDRUCK?

DER DEUTSCHE GOLDSCHMIED JOHANNES GUTENBERG ERFAND 1453 DEN BUCHDRUCK MIT BEWEGLICHEN LETTERN.

TAUSENDE BÜCHER KONNTEN NUN SCHNELL UND PREISWERT GEDRUCKT WERDEN.

GEDRUCKTE BÜCHER VERBREITETEN NEUE GEDANKEN UND GABEN GELEHRTEN ZUGANG ZU WISSEN,

DAS ZUVOR NICHT LEICHT VERFÜGBAR WAR.

BESSER LESEN

STATION **19**

TEXTE VERGLEICHEND LESEN

Auf den ersten Blick sind beide Texte gleich. Doch im zweiten Text haben sich fünf Unterschiede eingeschlichen.

▓ Findest du die Unterschiede?

Bauen Pinguine Nester?

Pinguine leben in den Meeresgebieten um den Südpol und brüten auf Treibeis oder an Felsenstränden. Sie bauen keine Nester, sondern legen ihre Eier auf dem Boden ab. Die Elternvögel schützen die Eier jedoch vor der eisigen Luft: Dabei liegt das Ei auf dem Fuß des Pinguins und wird von einem speziellen Brutbeutel warm gehalten. Im Inneren dieses Brutbeutels bietet ein ungefiederter Hautbereich dem Ei oder Küken Wärme.

Bauen Pinguine Nester?

Pinguine leben in den Meeresgebieten um den Nordpol und brüten auf Treibeis oder an Felsenstränden. Sie bauen keine Häuser, sondern legen ihre Eier auf dem Boden ab. Die Elternvögel schützen die Eier jedoch vor der heißen Luft: Dabei liegt das Ei auf dem Kopf des Pinguins und wird von einem speziellen Brutbeutel warm gehalten. Im Inneren dieses Brutbeutels bietet ein ungefiederter Hautbereich dem Ei oder Küken Kälte.

▓ Schreibe die Unterschiede auf.

1 = _____

2 = _____

3 = _____

4 = _____

5 = _____

© Cornelsen Verlag Scriptor, Berlin • Lernen an Stationen • Themenheft „Besser lesen"

MIT GEFÜHL VORTRAGEN 1

▦ Suche dir eine Partnerin oder einen Partner.

▦ Trage die Sätze unten mit folgenden unterschiedlichen Gefühlen vor:

   ☐ traurig
   ☐ lustig
   ☐ wütend
   ☐ verliebt
   ☐ flehend
   ☐ verwirrt
   ☐ ängstlich
   ☐ schüchtern
   ☐ gelangweilt
   ...

▦ Fallen dir noch andere Möglichkeiten ein?

▦ Kann deine Partnerin oder dein Partner das Gefühl erraten?

▦ Wechselt euch ab.

> Das habe ich nicht gewollt!

> Du bist einmalig!

> Nun ist es aber wirklich vorbei!

MIT GEFÜHL VORTRAGEN 2

◼ Trage folgendes Gedicht als
☐ Fressgedicht
☐ Holzfällergedicht
☐ Schimpfgedicht
☐ Schnupfengedicht
☐ Hexengedicht
☐ Liebesgedicht
vor.

Mund

Halt den Mund!
Ich lasse mir den Mund nicht verbieten!
Dir steht der Mund nie still!
Ich bin eben nicht auf den Mund gefallen!
Du nimmst den Mund reichlich voll!
Ich nehme kein Blatt vor den Mund.
Du redest dir den Mund fusselig!
Ich rede niemandem nach dem Munde!
Du machst allen den Mund wässrig!
Und du nimmst jedem das Wort aus dem Munde!
Das Wasser läuft mir im Mund zusammen.
Sprich nicht mit vollem Mund!
Fahr mir nicht über den Mund!
Halt den Mund!

Rosemarie Künzler-Behncke

EIN FANTASIEWORT ERSETZEN

- Lies folgenden Text leise durch.
- „Gaggeli" steht für ein Wort, das du herausfinden sollst.
- Setze den richtigen Begriff beim lauten Vorlesen ein.

Warum ist Gaggeli rot?

Gaggeli besteht aus roten und farblosen Gaggelikörperchen, aus farblosen Plättchen,
die das Gaggeli gerinnen lassen, und aus Plasma. Die roten Gaggelikörperchen erhalten
ihre Farbe von dem Eisen im Hämoglobin. Dies ist die Substanz im Gaggeli, die Sauer-
stoff befördert und gegen Kohlendioxid austauscht. Im Gaggeli befinden sich tausendmal
mehr rote Gaggelikörperchen als weiße.

EINEN TEXT MIT VERDECKTEN WORTTEILEN LESEN

■ Bei dem Text unten wurde bei manchen Wörtern ein Teil verdeckt.

■ Ergänze beim Lesen die verdeckten Wortteile.

Der Lö███ und die Ma███

Als der Lö███ schlief, lief ihm eine Ma███ über den Kör███. Aufwachend pa███ er sie und war drauf und dran, sie aufzuf███. Da bat sie ihn, er solle sie doch freil███: „Wenn du mir das Leb███ schen███, werde ich mich dank███ erweisen." Lachend ließ er sie lau███.

Es geschah aber, dass bald darauf die dank███ Ma███ dem Lö███ das Le███ rettete. Denn als er von Jäg███ gefan███ wurde, hörte ihn die Ma███ stöh███. Sie lief zu ihm, und indem sie das Seil rundhe███ benagte, befreite sie ihn.

„Damals", sagte sie, „hast du gela███ über mi███ und nicht erwartet, dass ich es dir vergelten könne, jetzt weißt du, dass auch Mäu███ dank███ sein kö███!"

Äsop

LÖSUNGSBLATT – EINEN TEXT MIT VERDECKTEN WORTTEILEN LESEN

■ Bei dem Text unten wurde bei manchen Wörtern ein Teil verdeckt.

■ Ergänze beim Lesen die gelöschten Wortteile.

Der Löwe und die Maus

Als der Löwe schlief, lief ihm eine Maus über den Körper. Aufwachend packte er sie und war drauf und dran, sie aufzufressen. Da bat sie ihn, er solle sie doch freilassen: „Wenn du mir das Leben schenkst, werde ich mich dankbar erweisen." Lachend ließ er sie laufen.

Es geschah aber, dass bald darauf die dankbare Maus dem Löwen das Leben rettete. Denn als er von Jägern gefangen wurde, hörte ihn die Maus stöhnen. Sie lief zu ihm, und indem sie das Seil rundherum benagte, befreite sie ihn.

„Damals", sagte sie, „hast du gelacht über mich und nicht erwartet, dass ich es dir vergelten könne, jetzt weißt du, dass auch Mäuse dankbar sein können!"

Äsop

BESSER LESEN

STATION **23**

WÖRTER MARKIEREN

▨ Markiere im Text folgende Wörter:
- ☐ Überreste
- ☐ Luftabschluss
- ☐ Mineralgebilde
- ☐ Kohlenstoff
- ☐ Spuren

▨ Du hast dafür 20 Sekunden Zeit. Deine Partnerin oder dein Partner stoppt die Zeit.

▨ Tauscht danach die Rollen.

Was sind Fossilien?

Fossilien sind die erhaltenen Überreste von Tieren und Pflanzen, die vor langer Zeit lebten. Gewöhnlich verwesen tote Tiere und Pflanzen, doch manchmal werden sie zuvor unter Luftabschluss verschüttet. Im Laufe der Zeit zersetzen die Minerale im Boden das tote Lebewesen und erhalten es so als Mineralgebilde. Andere Fossilien bleiben als dünner Film des ursprünglichen Kohlenstoffs von Tier oder Pflanze erhalten. Manchmal sind Fossilien auch nur Spuren wie Fußabdrücke.

BESSER LESEN

ANTWORTEN MARKIEREN

▨ Markiere im Text die richtigen Antworten:
1. Woher kommt der Name Silvester?
2. Welchen ursprünglichen Sinn hat Silvester?
3. Wie feiern die christlichen Kirchen Silvester?

Silvester

Der letzte Tag des Jahres verdankt seinen Namen einem Papst aus dem 4. Jahrhundert.

Silvester I., seit 314 Bischof von Rom, starb am 31. Dezember 335. Er wurde später heilig gesprochen und gab so dem Tag seinen Namen. Eine Kalenderreform Julius Cäsars hatte bereits im Jahr 46 vor Christi Geburt den 1. Januar als Jahresbeginn bestimmt. Der Jahreswechsel wurde in der Geschichte schon früh von rituellen Festen und Volksbräuchen begleitet. Die bösen Geister des vergangenen Jahres sollten durch Lärm vertrieben werden. Im Blick auf das kommende Jahr versuchte man die Zukunft zu deuten. Beide Traditionen leben bis heute in Feuerwerken, Horoskopen und Bleigießen fort. In den christlichen Kirchen haben sich am Silvesterabend Andachten zum Jahreswechsel durchgesetzt, immer häufiger auch eine Stunde vor Mitternacht. Kurz von 24 Uhr beginnen in den Städten die Glocken der großen Kirchen zu läuten.

epd

EIN FERNSEHPROGRAMM ÜBERFLIEGEND LESEN

▨ Beantworte die folgenden Fragen:

1. Nelli interessiert sich für Arztserien.
   Wann und in welchem Programm kann sie diese sehen?

2. Thomas liebt die Simpsons.
   Wann muss er welches Programm einschalten?

3. Kathrin will keine Gerichtsshow verpassen.
   Welche Gerichtsshows kann sie sehen?

ARD	ZDF	RTL	SAT.1	PRO 7	RTL 2
5.30 Morgenmagazin 97-911-605	**5.05** hallo Dt. 🔲 4-785-599	**5.10** Extra – 9-565-131	**5.10** blitz 1-029-583	**5.00** Focus TV 2-712-402	**5.05** Das Leben und ich 2832-353
9.00 heute 79-889	**5.30** Morgenmagazin 77-919-247	Das RTL-Magazin	**5.30** SAT.1-Frühstücks-	**6.00** taff. 3-486-599	**5.30** Der Prinz von Bel-Air
9.05 Blankenese 6-760-605	**9.00** heute 🔲 90-131	**6.00** Punkt 6 72-792	fernsehen 90-567-006	**6.55** Prompt 9-191-773	Comedyserie 6-872-995
9.55 Wetter 1-229-605	**9.05** Volle Kanne 8-493-841	**7.00** Unter uns 7-315	**9.00** HSE24 17-353	**7.20** Galileo 4-587-727	**6.20** Full House 9-792-792
10.00 heute 52-112	**10.30** Alle meine Töchter 🔲	**7.30** GZSZ 1-755-082	Werbesendung	**8.00** ClipMix 45-137	**6.50** Infomercials 7-9476-150
10.03 Brisant 300-006-082	Familienserie 6-594-889	Daily Soap	**10.00** Lenßen & Partner 3-082	**9.00** Eure letzte Chance 15-995	**8.55** Full House 1-456-659
10.30 **Herzlichen** 323-808	**11.15** Reich und schön 3-042-889	**8.05** RTL Shop 4-955-624	Doku-Soap	**10.00** talk talk talk 19-711	**9.25** Deutschland, deine ...
Glückwunsch 16:9 🔲	Daily Soap	**9.00** Punkt 9 5-976	**10.30** Verliebt in Berlin 8-773	**11.00** S.O.S. Style & Home 75-353	Hobbygärtner 2-270-179
TV-Komödie, D '05 · Mit	**11.35** Reich und schön 5-043-976	**9.30** Mein Baby 8-063	Telenovela	**12.00** Avenzio 46-841	**10.25** exklusiv –
Gudrun Landgrebe, Wal-	**12.00** heute mittag 🔲 81-686	**10.00** Dr. Stefan Frank 36-976	**11.00** Für alle Fälle Stefanie	U.a.: Besser wohnen:	die reportage 8-124-995
ter Kreye, Gisela Trowe	**12.15** drehscheibe Dt. 🔲	Arztserie	Krankenhausserie 77-711	Südsee-Feeling für eine	**11.25** exklusiv 8-192-247
Regie: Berno Kürten	Magazin 1-425-605	**11.00** Einsatz in 4 Wänden 5-112	Liebes Leben	Berliner Wohnung	**12.15** Pokito TV 7-134-792
12.00 heute mittag 83-044	**13.00** Mittagsmagazin 🔲 94-976	**11.30** Unsere Klinik –	**12.00** Vera 55-599	**13.00** SAM 62-889	**12.20** Hamtaro 4-594-315
12.15 ARD-Buffet 1-427-063	**14.00** heute – in Dt. 🔲 62-957	Ärzte im Einsatz 5-599	Talk von mittendrin	**14.00** We are Family!	**12.45** Mucha Lucha 866-402
13.00 Mittagsmagazin 96-334	**14.15** Wunderbare Welt 🔲	**12.00** Punkt 12 77-204	**13.00** Britt 64-247	So lebt Deutschland. 5-808	**13.15** Pokémon 8-891-044
14.00 Tagesschau 64-315	Dokureihe 80-179	**13.00** Die Oliver Geissen Show	Mod.: Britt Reinecke	**14.30** Das Geständnis – Heute	**13.40** Beyblade 888-686
14.15 In aller Freundschaft 🔲	Flughunde –	Talkshow 89-044	**14.00** Zwei bei Kallwass 68-063	sage ich alles 67-334	**14.10** Yu-Gi-Oh! 256-063
Arztserie 82-537	Schwingen der Nacht	**14.00** Das Strafgericht 83-860	Talkshow	**15.05** Pokito TV 6-189-773	**14.40** Detektiv Conan 732-266
15.00 Fliege 🔲 56-792	**15.00** Sport 20-957	**15.00** Das Familiengericht	**15.00** Richterin Barbara	**15.30** Freunde – Das 4-315	**15.05** Pokito TV 6-189-773
16.00 Tagesschau 🔲 95-247	**15.15** Frauenarzt 2-841-402	🔲 Gerichtsshow 49-402	Salesch 31-995	Leben geht weiter!	**15.10** One Piece 4-544-315
16.15 **Abenteuer Wildnis**	Dr. Markus Merthin	**16.00** **Das Jugendgericht**	Gerichtsshow	Doku-Soap	**15.40** Batman of
Dokureihe	**16.00** In Europa 🔲 93-889	🔲 Gerichtsshow 50-518	**16.00** Richter Alexander	**16.00** Eure letzte Chance	the Future 5-682-745
Amazonas – 3-816-995	**16.15** Bianca 🔲 3-814-537	**17.00** Einsatz in 4 Wänden	Hold 35-711	Doku-Soap 33-353	**16.00** **Crocodile Hunter**
Superstrom	**17.00** heute 🔲 51-889	🔲 Doku-Soap 2-421	Gerichtsshow	**17.00** taff. 19-773	Dokureihe 348-537
17.00 Tagesschau 🔲 53-247	**17.15** hallo Dt. 🔲 81-439	Mit Stilberaterin Tine	**17.00** Niedrig und Kuhnt	**18.00** Do It Yourself –	Eine Insel für die Din-
17.15 Brisant 333-599	**17.45** Leute heute 5-576-247	Wittler und ihrem Team	Doku-Soap 7-624	S.O.S. 9-082	gos / In den Wäldern
17.50 Verbotene Liebe 🔲	**18.05** **SOKO 5113**	**17.30** Unter uns 🔲 2-808	**17.30** 17.30 live Der 1-781	Ratgeber	Nordamerikas
Daily Soap 61-247	Krimiserie 5-043-112	Daily Soap	**Deutschland Report**	**18.30** Prompt 11-082	**17.00** **Der Prinz**
18.20 Marienhof 🔲 13-686	Schuld und Sühne	**18.00** Regionales 🔲 3-537	**18.00** Lenßen & Partner	Infomagazin	**von Bel-Air** 324-957
Daily Soap	**19.00** heute 🔲 75-266	**18.30** **Exclusiv – Das** 61-599	Doku-Soap 8-112	**18.55** **Die Simpsons** 92-605	Comedyserie · Der
18.50 Sternenfänger **16:9**	**19.20** Wetter 🔲 🔲 4-465-088	**Star-Magazin** 🔲	**18.30** blitz 50-995	Trickserie · Die starken	Fluch der Technik / Alle
🔲 Familiensaga 34-179	**19.25** **Die Rosenheim-**	**18.45** RTL aktuell 🔲 308-773	**18.50** blitz 2-350-150	Arme von Marge	Träume dieser Welt
Kostbare Freundschaft	**Cops 16:9** 🔲 9-468-266	**19.05** Das Wetter 1-310-911	**19.15** Verliebt in Berlin	**19.25** Galileo 197-624	**18.00** **Full House** 328-773
19.20 Das Quiz 🔲 825-841	Wh. von 11 Folgen	**19.10** Explosiv 🔲 834-599	Telenovela 127-711	Wissenschaftsmagazin	Comedyserie · Die sehr
19.48 Wetter 307-744-605	der Krimiserie, D 2002	**19.40** GZSZ 🔲 7-854-841	**19.45** K 11 – Kommissare	U.a.: Beachvolleyball-	vergessliche Michelle /
19.55 Börse 3-889-605	Der Tote am See	Daily Soap	**im Einsatz** 766-624	Stadion Berlin	Eltern haben's schwer
			Doku-Soap	Mod.: Aiman Abdallah	**19.00** **Big Brother** 256-957

▨ Überlege dir nun selbst Fragen zum Fernsehprogramm
für deine Partnerin oder deinen Partner.

TEXTABSCHNITTE BILDERN ZUORDNEN

■ Ordne die Texte den passenden Bildern zu. Nummeriere die Texte in der richtigen Reihenfolge.

■ Lies das Rezept dann in der richtigen Reihenfolge vor.

( )	( )	( )
Gib nun die Spaghetti in das kochende Wasser und rühre einmal um.	Gieße die Spaghetti in ein Sieb ab.	Gib 1 Essl. Öl hinzu, damit die Spaghetti nicht zusammenkleben. Koche die Spaghetti ca. 10 Minuten lang.
( )	( )	( )
Richte die Spaghetti in einer Schüssel an. Guten Appetit!	Schrecke die Spaghetti kurz mit kaltem Wasser ab.	Gib in einen Topf 2 l Wasser und 1 Tl. Salz. Bring das Wasser zum Kochen.

LÖSUNGSBLATT –
TEXTABSCHNITTE BILDERN ZUORDNEN

▉ Ordne die Texte den passenden Bildern zu. Nummeriere die Texte in der richtigen Reihenfolge.

▉ Lies das Rezept dann in der richtigen Reihenfolge vor.

1 Gib in einen Topf 2 l Wasser und 1 Tl. Salz. Bring das Wasser zum Kochen.

2 Gib nun die Spaghetti in das kochende Wasser und rühre einmal um.

3 Gib 1 Essl. Öl hinzu, damit die Spaghetti nicht zusammenkleben. Koche die Spaghetti ca. 10 Minuten lang.

4 Gieße die Spaghetti in ein Sieb ab.

5 Schrecke die Spaghetti kurz mit kaltem Wasser ab.

6 Richte die Spaghetti in einer Schüssel an. Guten Appetit!

EINE SCHATZKARTE ERGÄNZEN

▓ Auf einer einsamen Insel hat ein Pirat einen wertvollen Schatz vergraben. Hilf dem Piraten, in die Karte den Weg zum Schatz einzuzeichnen:

> Beginne am Kreuz an der Bucht.
> Gehe zehn Schritte Richtung Westen.
> Gehe links am großen Stein vorbei.
> Begib dich auf den Weg nach Norden.
> Gehe vor dem Lagerfeuer nach rechts,
> so weit dich deine Füße tragen.
> Wenn du deinen Kopf nach rechts drehst, siehst du die Palme.
> Hier im Schatten der Palme ist der Schatz vergraben.

EINE GEHEIMSCHRIFT LESEN

▓ Entschlüssele die Geheimschrift. Wie lautet die Botschaft?

A	B	C	D	E	F	G	H	I	J	K	L	M
1	2	3	4	5	6	7	8	9	10	11	12	13
N	O	P	Q	R	S	T	U	V	W	X	Y	Z
14	15	16	17	18	19	20	21	22	23	24	25	26

16-18-9-13-1!   4-21   2-9-19-20   5-9-14   18-9-3-8-20-9-7-5-18

7-5-8-5-9-13-19-3-8-18-9-6-20-5-14-5-24-16-5-18-20-5.

19-3-8-18-5-9-2-5   14-21-14   1-21-3-8   5-9-14-5-14

20-5-24-20   9-14   4-5-18

7-5-8-5-9-13-19-3-8-18-9-6-20.

Zusatzaufgabe:

▓ Erfinde eine eigene Geheimschrift und schreibe damit eine kurze Botschaft.

A	B	C	D	E	F	G	H	I	J	K	L	M
N	O	P	Q	R	S	T	U	V	W	X	Y	Z

LÖSUNGSBLATT –
EINE GEHEIMSCHRIFT LESEN

■ Entschlüssele die Geheimschrift und lies den Text.

A	B	C	D	E	F	G	H	I	J	K	L	M
1	2	3	4	5	6	7	8	9	10	11	12	13
N	O	P	Q	R	S	T	U	V	W	X	Y	Z
14	15	16	17	18	19	20	21	22	23	24	25	26

> PRIMA! DU BIST EIN RICHTIGER
>
> GEHEIMSCHRIFTENEXPERTE.
>
> SCHREIBE NUN AUCH EINEN TEXT IN DER
>
> GEHEIMSCHRIFT.

Zusatzaufgabe:

■ Erfinde eine eigene Geheimschrift und schreibe damit eine kurze Botschaft.

A	B	C	D	E	F	G	H	I	J	K	L	M
N	O	P	Q	R	S	T	U	V	W	X	Y	Z

MIT DER LUPE LESEN

▨ Lies den folgenden Text mit der Lupe.

Wie funktioniert eine Brille?

Bei einem gesunden Auge wirft die Linse ein Bild genau auf die Netzhaut im Augenhinter-

grund. Bei Weitsichtigkeit ist der Augapfel, von vorn nach hinten gemessen, zu kurz.

Die Brille zum Ausgleichen hat Konvexlinsen. Diese Linsen sind nach außen gewölbt und

werfen das Bild genau auf die Netzhaut anstatt dahinter. Bei Kurzsichtigkeit ist der Augapfel

zu lang. Die Brille zur Korrektur hat Konkavlinsen, die das Bild genau auf die Netzhaut

werfen. Konkavlinsen haben eine nach innen gewölbte Form.

EIN HOROSKOP LESEN

- Arbeite mit einer Partnerin oder einem Partner zusammen.
- Lest euch zuerst die Fragen durch.
- Überfliegt schnell das Horoskop und findet dabei die Antworten auf die Fragen.
- Wer findet am schnellsten die Antwort?
- Vergleicht am Schluss eure Antworten.

☐ Wer ist das Glückskind der Woche?
☐ Wer hat viele Ideen?
☐ Wer ist auf der Überholspur?
☐ Wer kommt mit Teamgeist weiter?

☐ Wer wird überrascht?
☐ Wer sollte sich entspannen?
☐ Wessen Sparschwein klingelt?

Horoskop vom _____ bis _____

Widder, 21.3. bis 20.4.
Mach weiter so! In der Schule glänzt du durch tolle Leistungen. Aber Achtung: Sei kein Einzelkämpfer – mit Teamgeist kommst du weiter.

Stier, 21.4. bis 20.5.
In dieser Woche blühst du richtig auf. In der Schule solltest du dich ein bisschen mehr anstrengen.

Zwilling, 21.5. bis 21.6.
Dein Sparschwein klingelt diese Woche. Sei nicht sauer, wenn etwas nicht so läuft, wie du es willst.

Krebs, 22.6. bis 22.7.
Das Glückskind der Woche bist du. Du wirst gelobt. Bleib trotzdem auf dem Teppich!

Löwe, 23.7. bis 23.8.
In dieser Woche bist du auf der Überholspur. Mach auch mal eine Pause, sonst geht dir die Puste aus.

Jungfrau, 24.8. bis 23.9.
In dieser Woche hast du viele Ideen. Überlege, wo du deine Ideen einbringen kannst.

Waage, 24.9. bis 23.10.
Du bist in dieser Woche der umschwärmte Mittelpunkt jeder Party. Pass auf, dass du deine Beliebtheit nicht ausnutzt.

Skorpion, 24.10. bis 22.11.
Keine Hürde ist dir zu hoch. In dieser Woche gelingen dir auch schwierige Dinge gut.

Schütze, 23.11. bis 21.12.
Du platzt vor Energie und Ideen. Setze deine Pläne um. Sei aber auch nicht traurig, wenn es nicht immer klappt.

Steinbock, 22.12. bis 20.1.
In dieser Woche solltest du dich entspannen. In der letzten Zeit hattest du viel Stress.

Wassermann, 21.1. bis 19.2.
Dein Fleiß kommt in der Schule gut an. Pass auf, dass er nächste Woche nicht nachlässt.

Fische, 20.2. bis 20.3.
Es wird spannend! Eine Überraschung wartet in dieser Woche auf dich.

LÖSUNGSBLATT – EIN HOROSKOP LESEN

- Arbeite mit einer Partnerin oder einem Partner zusammen.
- Lest euch zuerst die Fragen durch.
- Überfliegt schnell das Horoskop und findet dabei die Antworten auf die Fragen.
- Wer findet am schnellsten die Antwort?
- Vergleicht am Schluss eure Antworten.

Wer ist das Glückskind der Woche? _Krebs_

Wer wird überrascht? _Fische_

Wer hat viele Ideen? _Jungfrau, Schütze_

Wer sollte sich entspannen? _Steinbock_

Wer ist auf der Überholspur? _Löwe_

Wessen Sparschwein klingelt? _Zwillinge_

Wer kommt mit Teamgeist weiter? _Widder_

LERNZIELKONTROLLE

- Lies dir den Text leise durch. Frage nach Worten, die du nicht verstehst.

- Schreibe die Lösung des Kriminalfalls auf.

- Fülle dann den Beobachtungsbogen 1 (Station 31 B) aus.

- Lies deiner Partnerin oder deinem Partner den Text laut vor.

- Erzähle ihr oder ihm, was in dem Text passiert.

- Deine Partnerin oder dein Partner füllt nun den Beobachtungsbogen 2 (Station 31 C) aus.

Ein Fall für Herlock Sholmes

Mord im Hotel

Haben Sie schon Zeitung gelesen?", fragte Dr. Whatisson aufgeregt seinen Kollegen, den großen Detektiv Herlock Sholmes. „Nein", meinte der, „was ist denn passiert?"

Dr. Whatisson kramte die Zeitung aus seiner Tasche und begann vorzulesen: „Heute Morgen wurde Yves Du Montier, ein sehr wohlhabender französischer Staatsbürger, tot in seinem Appartement im Palace Hotel in London aufgefunden. Er wurde erstochen. Seine Leiche wurde um neun Uhr morgens entdeckt, doch der Tod trat nach Aussagen seines Arztes schon eine halbe Stunde früher ein.
Nur drei Personen schienen tatverdächtig zu sein, da sie jeweils einen Schlüssel zum Appartement des Verstorbenen hatten. Hier sind ihre Aussagen:
Madame Du Montier, die junge Ehefrau: ‚Ich war gestern Abend im Theater, bis etwa 24 Uhr. Dann bin ich noch zu ein paar Freunden gegangen. Ich bin erst heute Morgen um etwa neun Uhr zurückgekommen.'
Mr. Jones, der Sekretär: ‚Ich habe in meinem eigenen Appartement geschlafen. Ich bin aufgestanden und um Viertel vor neun bin ich am Zim-

mer von Mr. Du Montier vorbeigegangen. Ich hörte seinen Wecker klingeln, deswegen wusste ich, wie spät es war. Er steht nämlich immer um Viertel vor neun auf. Ich bin allerdings nicht in sein Zimmer gegangen.'
Dr. Belmondo: ‚Ich hatte mit dem Herrn eine Verabredung um neun Uhr. Mr. Du Montier hatte ein extrem schlechtes Gehör, eigentlich war er schon taub. Er wollte sich deshalb von mir untersuchen und vielleicht operieren lassen. Aber ich verspätete mich ein bisschen und kam erst um Viertel nach neun im Hotel an.'
Die Polizei fand heraus, dass die Alibis dieser drei Personen nicht ganz hieb- und stichfest sind. Auch scheinen alle ein Motiv gehabt zu haben. Doch hier hüllt sich der zuständige Inspektor noch in Schweigen. Anscheinend tappt die Polizei noch im Dunkeln."
„Na, was sagen Sie dazu?", fragte Dr. Whatisson. „Ist das nicht aufregend?"
„Ja, ich bin vor allem überrascht, dass die Polizei den Mörder noch nicht verhaftet hat. Der Fall ist doch sonnenklar", erwiderte Herlock Sholmes.
„So, tatsächlich ...?" Dr. Whatisson runzelte die Stirn.

Tja, wer von den drei Tatverdächtigen hat sich durch seine Aussage verraten? Wer es noch nicht weiß, sollte die Aussagen noch einmal genau lesen.

BESSER LESEN

BEOBACHTUNGSBOGEN 1

■ Beobachte dich selbst beim Lesen.

■ Finde heraus, was du schon gut kannst und wo du noch üben musst.

■ Kreuze an, wie gut du schon liest.

☺ = das klappt sehr gut, ich bin völlig zufrieden

☺ = das klappt fast gut, ich muss noch ein bisschen üben

☹ = das kann ich noch nicht, ich muss noch viel üben

	☺	☺	☹
Ich verstehe den Text, wenn ich ihn überfliege.			
Ich kann einen Text flüssig vorlesen.			
Ich kann einen Text betont vorlesen.			
Ich habe keine Probleme mit langen Wörtern.			
Ich kann auch Fremdwörter vorlesen.			
Ich verstehe alle Wörter in einem Text.			
Ich kann unbekannte Wörter nachschlagen.			
Ich kann einzelne Wörter erklären.			
Ich kann den Inhalt des Textes erzählen.			

■ Um noch besser zu lesen, möchte ich als Nächstes üben:

_____

_____

_____

BESSER LESEN

BEOBACHTUNGSBOGEN 2

▨ Beobachte deinen Partner beim Lesen.

▨ Finde heraus, was dein Partner schon gut kann und wo noch geübt werden muss.

▨ Kreuze an, wie gut dein Partner schon liest.

    ☺ = das klappt sehr gut, ich bin völlig zufrieden

    ☺ = das klappt fast gut, mein Partner muss noch ein bisschen üben

    ☹ = das kann mein Partner noch nicht, sie/er muss noch viel üben

	☺	☺	☹
Mein Partner versteht den Text, wenn sie/er ihn überfliegt.			
Mein Partner kann einen Text flüssig vorlesen.			
Mein Partner kann einen Text betont vorlesen.			
Mein Partner hat keine Probleme mit langen Wörtern.			
Mein Partner kann auch Fremdwörter vorlesen.			
Mein Partner versteht alle Wörter in einem Text.			
Mein Partner kann unbekannte Wörter nachschlagen.			
Mein Partner kann einzelne Wörter erklären.			
Mein Partner kann den Inhalt des Textes erzählen.			

▨ Um noch besser zu lesen, solltest du als Nächstes üben:

_____

_____

_____